THREE PIECES

FOR FLUTE, CLARINET and BASSOON

FLUTE

I

WALTER PISTON

Printed in U. S. A.

II

Lento (♩= 42)
pp sempre
A
1
Bn.
B
p
mp
3
mf
cresc.
8
f sostenuto
loco
dim.
mf
p
C
pp
1
1
D
pp

III

Allegro (♩=156)
p molto leggiero
p Clar.
1
1
A
p
p
B
mf
cresc.
f

C
mf
1
mf
Clar.
1
1
mf
D
1
mf cres
cen - do
f
dim.
p
1
E
p
Moderato ♩ = 𝅗𝅥 del precedente
F
Clar.
1
1
1
mf a piacere e molto rubato
3
3
5
3
tranquillo
3
6
cresc.
f
3
tr
mf
rit.
Clar.
Tempo I
p
Dal 𝄋 sin al 𝄌 e poi la Coda 𝄌
CODA
1
Clar.
p cresc. ed accelerando
f
a tempo
p

LABORUM DULCE LENIMEN
G. SCHIRMER
amp

THREE PIECES

FOR FLUTE, CLARINET and BASSOON

B♭ CLARINET

WALTER PISTON

I

Printed in U. S. A.

II

Lento (♩ = 42)
pp sempre
A
B
C
D
mp
mf
cresc.
f sostenuto
dim.
Bn.

III

Allegro (♩ = 156)
Bn.
mp leggiero
A

B
mf
cresc.
f
1
C
mf
D
mf cres - - cen - - do
f
dim.
p
1 E 1 1 1
mp
F
SOLO
Moderato ♩ = 𝅗𝅥 del precedente
Clar.
Flute
pp
Flute
mf
rit.
Tempo I
Dal segno 𝄋 sin al ⊕ e poi la Coda ⊕
CODA
p cresc. ed accelerando
f
a tempo
p

LABORUM DULCE LENIMEN
G. SCHIRMER

amp

THREE PIECES

FOR FLUTE, CLARINET and BASSOON

BASSOON

I

WALTER PISTON

Printed in U. S. A.

II

Lento (♩= 42)
Bassoon
Fl. Clar.
pp
SOLO
espr.
p
mp
mf
cresc.
f sostenuto
dim.
f dim.
pp
p>pp

III

Allegro (♩= 156)
p molto leggiero
p
Clar.
mf
cresc.

C
mf
D
mf
cresc.
f
dim.
E
p
2d time to Coda
F
Clar.
Moderato ♩ = 𝅗𝅥 del precedente
pp
Clar.
Flute
pp
pp
Flute
mf
Clar.
rit.
SOLO
p a tempo
Dal segno 𝄋 sin al ⊕ e poi la Coda ⊕
CODA
p cresc. ed accel.
a tempo
f
p

LABORUM DULCE LENIMEN
G. SCHIRMER

amp